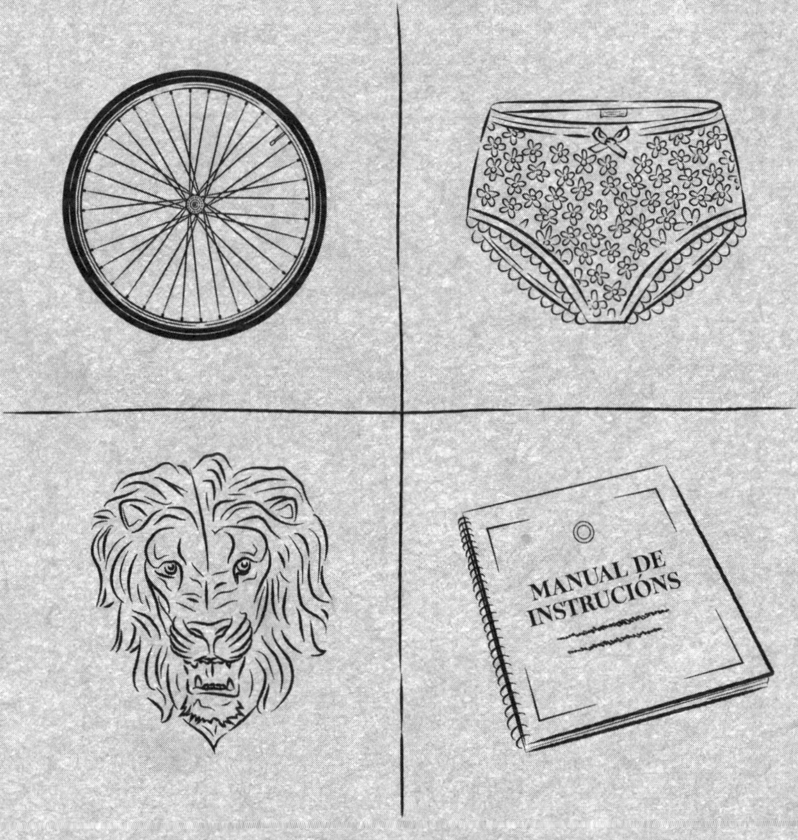
MANUAL DE
INSTRUCIÓNS

Whales and Whales

First published in 2024 by Skein Press
skeinpress.com

Design and illustration by Patrick Fisher for Frontwards Design
Typeset in Sherborne
Printed by L&C Printing Group, Poland

All rights reserved. No part of this publication may be reproduced in any form or by any means without the prior permission of the publisher.

Galician text © Luisa Castro, first published as *Baleas e Baleas* by Colección Esquío de poesía, 1988 / Dombate, 2018.
English translation © Keith Payne, 2024.

The right of Luisa Castro and Keith Payne to be identified as the author and translator of this work have been asserted by them.

A CIP catalogue for this title is available from the British Library.

ISBN 978-1-915017-11-6

This work received a grant from the Ministry of Culture, Education and Universities of the Xunta de Galicia / Esta obra recibiu unha subvención da Consellería de Cultura, Educación, Formación Profesional e Universidades da Xunta de Galicia.

XUNTA DE GALICIA

Skein Press gratefully acknowledges the financial support it receives from the Arts Council of Ireland and The Rowan Trust.

Whales and Whales

Baleas e Baleas

Luisa Castro

translated by Keith Payne

TRANSLATOR'S INTRODUCTION
Keith Payne

First published to immediate and critical acclaim in 1988, Luisa Castro's *Baleas e Baleas,* or *Whales and Whales,* is considered one of the most pivotal collections in contemporary Galician poetry. Reissued in 1992 in a bilingual Galician-Castilian version by Hiperión, it immediately sold out. Recovered once more in Castro's *Collected Poetry* in 2004, also by Hiperión, it sold out again. A thirtieth anniversary edition, re-edited by poet and critic Ismael Ramos, appeared from Galaxia in 2018. Ramos writes: 'In the last thirty years, whenever there has been an aesthetic renewal or a shift in the direction of Galician poetry, *Whales and Whales* has been there.'

Whales and Whales remains a groundbreaking collection, employing, in places, the surrealism that the European tradition is so steeped in and, in others, a fabulist narrative that embodies the tingling excitement and anxiety of a young girl coming of age on the northern coast of Galicia. Her father is a fisherman working far away at sea in the icy Atlantic waters while her mother works at a canning factory, where 'love is a work of art in a can'. Their daughter, a shapeshifting wildling with crystals on her tongue, is sent away to school, where, because her parents can afford to pay the 'voluntary' contribution, she won't be singled out by the nuns.

Disarmingly vulnerable, the poems from the opening section chart the heart's navigation of an unnamed fisherman —who could just as easily be from Rossaveel, Howth, Tangiers or Lagos, as from Castro's native Foz. In the cramped quarters of his hammock, hooking sea bass from on deck, or pedalling back into the arms of his beloved, we cannot but be drawn into the reality of our newest citizens who land on our shores, taming the lions they meet in the arena, working the factory line, while their sons and daughters find themselves in classrooms and lecture theatres across the country, hoping not to be singled out, as they emerge from the belly of the whale.

As Castro reflects in her introduction to the re-edited version of *Whales and Whales*:

> Thirty years have passed since the writing of this collection, but I remember very well the image that gave rise to it: my father and myself one afternoon in 1986, stranded like sperm whales in the old Moras factory, looking out to sea from under the rusted frames. [...] I was obsessed with finding the last of the whaling

stations. They told us it was shut down in '76. That same year the Alumina Aluminium factory would open. Two worlds converging, the marine and artisanal, with the metallurgical and the factory worker. [...] *Whales and Whales* was my way of saying goodbye to that world. [...] It would be five years before I'd read *Moby Dick*, but that story was already within me. Not those grand gestures of Ahab, but the domestic story of the women in the factories, and the fishermen, who still cycled their bikes from the port at Burela home to Foz. The stories, real or imagined, told by my grandparents to the girl I was then. The same girl who watched films with Roman gladiators and read novels with boarders and nuns; all of which became mixed and blended in the girl who was awakening at one and the same time to her sexuality and to literature.

Written during *La Movida* —that iconoclastic, boot-through-the-door social and cultural explosion of post-dictatorship Spain— here was a young poet, barely twenty-two years old, speaking of factory workers, sex and a drunken fisherman chasing swordfish down the Irish coast. And in Galego, too, a language that for centuries had been ridiculed, minoritised and prohibited. Castro hauled up on the lines of these poems that generation of Galicians who found themselves in the new universities that had surfaced in the wake of Spain's transition to democracy in the early 1980s. Their parents had come to the cities to fill the new car factories and fish canneries. Shadowing between their lines a whole social and economic background, the poems gave shape to a woman emerging into a society yet to learn how to accommodate her.

Daughter of a Galician fisherman who once fished the Irish coast, Luisa Castro typed these poems on her white *Olivetti Lettera 35* in a flat on Rua San Francisco, Santiago de Compostela. Poems that now feed back to the place that once fed her. They ask you to read them on their own terms, to approach with no expectations. Like the Troubadour, the Provençal *finder* composing a verse or song in order to find, turn over, or disturb. Or like our own *file*, to see. To see what rises from the depths.

Keith Payne
Vigo, February 2024

LAST CYCLE
FROM NEVERMORE

14 'I'm all at sea out here'

15 'I work all day'

16 More than the hooks

17 More than the lures

18 More than the owner

19 'Though they laugh at the lines I write and hide'

20 'But no more'

21 'There's no rest'

22 Landscapes

BELLY OF THE WHALE

26 'Passive as rabbits under a cold shower'

27 'A votive outcome'

28 'The gang is savage just like me'

29 'I see them despair in their little boats and lanterns'

30 'I run through my dreams in my knickers'

31 'I believe in electricity'

32 'The sand is narrow and my favourite lion tells me lies'

33 'The amadáns are put in the cold showers'

34 'The nuns always get me to do the readings'

35 'I'm half wild'

37 'If I get into trouble'

38 'I've never eaten in the dining hall with the boarders, Mam'

39 'María Elena Val Veiga'

40 'Sometimes I curse and they throw me out'

41 'The Ligurians, the Tartessians, the men with cameras'

SEVEN POEMS ABOUT LIONS

46 I. 'I divide the world in two'

50 II. 'My mother works in a canning factory'

51 III. 'The city kids were afraid of us'

52 IV. 'Just as I'm about to get up and go out'

53 V. 'Have faith, Silvia'

54 VI. 'There you are'

55 VII. 'It's not good to be alone'

ISOLDE INSISTED

58   I. 'Dear Captain Tan, the camera-shy kid I can't see from here'

59   II. 'We deserve everything except the decorative wicker planter'

60   III. 'Once we're together in limbo'

61   'It's been ages since I tilted slates'

62   'I hate you like a housecoat with me inside it'

63   'With surprising relief that at last I'm heading back to the hotel'

64   'After a day spent writing poems'

*For Ánxela, Fran and Xita,
thirty years on.*

Part I

LAST CYCLE FROM NEVERMORE

I'm all at sea out here.
Ireland's as far away as you are,
as this heart that doesn't love you.

In the fridge, behind the monkfish, hidden
in the main mast, my heart counts itself
among the slowest beasts of the woods.

It waits
but everything is so difficult
like the dresses the women in Belfast wear.
    Button by button
they make me even more miserable than I already am
and I shouldn't tear at them in a passion
    while sat there is my cerebellum.

Miles away
neither you nor Ireland:
I can't stomach you.
    I wake up in knots
      and that's it.

It's quick but cowardly.

I work all day.
    Drunk.
Up on the bridge the owner's fond of me
    for spewing my guts
over the fifteen hundred horses he feeds,
for these pneumatic kidneys working the winch,
for the old sea dogs that see it all in shades of grey
    like lions in the arena.

The owner's fond of me alright
though I drink, dreaming of your knickers.

MORE THAN THE HOOKS

Even more than the hook in my thumb
    instead of sea bass.

Even more than the hook in my heart
    instead of sea bass.

Even more than the head of a sea bass
    instead of a hook,

more, even more than the rings I shape for you
    bending sea bass hooks.

MORE THAN THE LURES

More than the brandy-coloured calamari
you don't know exist,
more than the brandy I pour over the lures
so the calamari rise to the top,
more than the lures you pour for me,
that wait for me at night
to drink.

MORE THAN THE OWNER

More than the owner with his satisfied grin,
victim
of your whims.

Though they laugh at the lines I write and hide
for you between the sheets on my bunk
    I pedal on

and Vegadeo from a distance is a book of matches
    my wheels are on fire
and I hit the road in spots;
I know this place and I'm a good man, look at the friends
I make of the wild dogs in every village
one from every breed.

    They bark at me because I'm in love
    and go for my feet, the animals.

But no more
I leave my watch and change of clothes on the boat
I know they laugh
   the skipper
   bos'n
   the owner on the pier with his wife smelling of Ponds
watching me pedal the second I hit the ground.

I know they toss back the fish bones
while all I can dream of is kissing that unbearable
   lipstick you bought in Switzers.

I count the trees to stay awake.

There's no rest.
It's as well there's no rest.
So the hake can seethe and drown me,
    the mackerel shark set me in their traps,
    the sole trawl me on their longline,
    the monkfish feed on my fingertips,
    swordfish run me through,
so every wave from the sea can come for me,
        or just drown me here alone,
with a bottle and your furious eyes.

LANDSCAPES

Hondarribia
Bayonne
Bourdeaux
Donostia
Getaria
Zumaia
Orio
Ondarroa
Lekeitio
Saint-Jean-de-Luz
Ireland

Part II

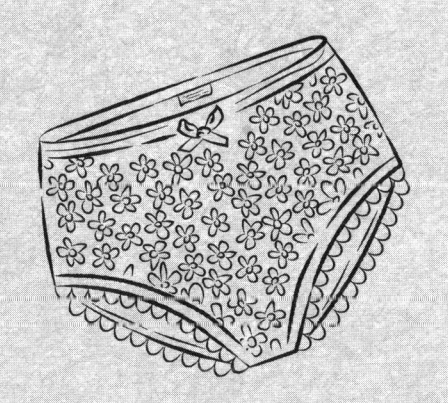

BELLY OF THE WHALE

Passive as rabbits under a cold shower
    I'm a drowned rat,
I show them I can be good.

If they feed me,
I sleep
immediately,
if they don't, I howl.

Geneviève de Brabant is on the table beside me,
I'm forever losing her dresses,
I stab holes in her nipples and rub in Vaseline.
Mam doesn't worry about putting me to bed on time
    or the mess of legless dolls.
I cry so she'll tell me if they're hurt.
I don't want her hugs, I want to hear her say it again
they're plastic, love
they're only made of plastic.

A votive outcome
and the things I do to disown you,
my darling, like Barabbas's daughter, I detest you,
like Barabbas's daughter running through her dreams
   with no knickers on,
you've no idea the things I do to disown you.

Barabbas,
not one more step
and so nothing slips, and my lip trembles
I pretend there's nothing wrong,
though I fear my country won't remember the dead finches
I bury
in sardine cans
in behind the transformer with the lightning bolt
that I run along with my bare finger.

Not my uniform covered with Pritt Stick
or the halfwit carpenter who gave me wood shavings
or my parents roaring at me *Daughter of Barabbas!*
While I buried the bodies of birds
in sardine cans.

The gang is savage just like me.
We eat glass and I'm the Indian chief.
The tribe obeys me
because my tongue is studded with glass
and I eat muck.

We touch the lightning bolt on the pylons,
love each other all afternoon in the battering caves
beside the station where people wait with fruit for the sick,
we mitch off school and escape to the beach;
our parents out looking for us till dark.
We're drowning in the arms of the octopus,
our dishevelled hair spread across the rocks.

I see them despair in their little boats and lanterns
    diving into me.
I see them cry, watch them unravelling in lamentations
    as the night freezes over
    diving into me.

Old Sea Dogs, we see it all
and the storms can't touch us here,
    here in the house
where we eat little birds in sardine cans.

And when they find me, I don't answer,
I bite my lower lip
and I don't let mother hold me.

I run through my dreams in my knickers.
The gym is mobbed with athletes
   I adore.
I'm the smallest one here
   and I think
I've left something behind,
there's something missing.

I believe in electricity,
leaning, I laugh into
    the pylon
with my index finger
pointing at the lightning bolt.

The sand is narrow and my favourite lion tells me lies
like my grandfather
and the bellies of those whales he said contained
continents captive,
diabolical sperm whales shackled in castles.

I'll never again believe my grandfather
robbing swordfish along the Irish coast,
I'll never again listen to his lies.
Of this I'm sure:
I'm the only one in the belly of the whale
with these scars all down my knees
from hitting the deck when the boats drop anchor.

The *amadáns* are put in the cold showers
    where they howl because it hurts.

Those hammering showers
    of awful pressure;
stalactites stabbing their backs
    and they howl because it hurts.

I've never been to Niagara Falls, Mam,
never been cooked in a pot by Africans
    who wanted to eat me.
Mam, I've never been under a man
and I've no idea what it's like
    to eat bromide for tea in the seminary.

The nuns always get me to do the readings
because I'm such a good girl, with the face of an angel,
    and I have a vocation.
I'm always first
to finish my *Busy at Maths* work.

Sometimes I curse, but that's only 'cause I'm an orphan, Mam.

But I'm such a good girl
and sing 'Hail, Holy Queen' in the choir,
go to the May novenas with my uniform all maggoty
from playing truth or dare with those bold boys
though the nuns think it's because I'm half wild
    and like playing football.

I'm half wild,
and sometimes I curse but that's 'cause I'm an orphan.

Mam,
what's it like under a man?
What's it like reading St Thomas under a cold shower?

In the line
I'm the first to point to the Pyrenees
with the stick the nuns use
to punish María Elena Val Veiga
   All for the glory of God
and putting out her hands like this
they whack the tips of her fingers
with the cane we use for pointing at the map
and to the north-east the Pyrenees that separate us from France.
But not me,
they don't hit me, Mam, because I'm the first
to put up my hand
   for where Catalonia is *bim-bam-boom*,
because I'm the first to finish my sums
and get the coefficient
though sometimes I curse.
But if I get into trouble
they don't hit me, they just send me to the sick bay
they just send me away and I don't go off

with those bold boys on their motorbikes
who are nothing but savages anyway
and only want to pull down my knickers.

If I get into trouble
they send me to the sick bay for a while
because I'm such a good girl, not like Lydia Couto
who laughs at the nuns and has them terrified.
I'm not like Mosquero
who robs money from the till of her parents' bar
and spends it on sweets and lollipops.
Mam,
I swear,
I'm not like Carme who showed the whole of sixth class
her boobs in the toilet,
and I saw them, Mam, they're huge, like Mrs Harrison's
the old lady from our English book.

And she smokes.
Mam, we all hang out together, but I don't smoke.
We go to the flicks on Sundays but I don't sit
    with those bold boys.
I spy on the big girls.

Mam,
you've no idea what the big girls get up to
in the back row.
Sometimes Lydia too, but I pretend not to see.

Mam,
you've no idea what goes on when I'm kept back with Carme
to sweep the classroom clean.

I've never eaten in the dining hall with the boarders, Mam.
They give the boarders bromide for tea
and later, at night, they sleep together in threes.
Mam, you won't believe what the boarders get up to
    when they're on their own.

What's it feel like under a man, Mam?

The boarders are all bigger than me.
I don't go near them because they're the big girls
but sometimes we fight and I call them lesbos.
They call Lydia Couto over to lock me in the broom cupboard.

Mam, you'll never guess what happens when I'm left alone
    with the broom handles.
Afterwards I howl till they let me out
and I come out all red in the face
but I never tell on them, Mam.

I'm best at the long jump.

María Elena Val Veiga,
her fingertips black and blue from the cane
we use for pointing at the map.
They hit her because she's slow, because Elena Val Veiga
lives in a house her dad built
from asbestos he robbed off the sites
and she can't pay the school fees.

Mam,
they don't hit me because I pay every month.
We're poor, Mam
but I pay the fees and know how to get the coefficient.

If I could,
I'd splatter Gemma with a shotgun,
she says we use Yellow Pack toilet roll to wipe our bums,
then I go home and wipe my bum with Yellow Pack toilet roll,
I write poems on Yellow Pack toilet roll.
I'd murder Gemma
only I'm such a good girl
and have a vocation
and I'm the first to show my sums.

Mam, what's it feel like under Dad, on Saturdays?

Sometimes I curse and they throw me out.
I spent the whole of third class in the corridors
    watching Adela fly,
in fifth I got sick, read the *Lives of the Saints*
    and got fat,
though the lions never ate me in the arena.

It's the corridors I'm afraid of
and being left alone with a nun in the sick bay.

I've never been under the cold showers, Mam,
never been raped by heretics like Geneviève de Brabant,
I don't know what the bromide is they give to the children
    in the camps,
I've never been under a man.

For Rosa Castro

I know the bottom, she says. I know it with my great tap root.
—Sylvia Plath

The Ligurians, the Tartessians, the men with cameras
    hanging out of their necks,
the lame carrying borrowed books,
those unavoidable Scandinavians
like the flu; inevitable ...
even if I tell all of them now to get lost,
so all that's left is a can with my name written on it
    with a piece of broken brick,
the outline of the little puddle I make when I pee
    when I pee all over them
and all that's left now are the nail clippings since 1970,
the chewing gum scraped off the ground since 1970,
because at the heart of everything is a malignant little worm
just like under the slates lifted by the wind in 1970
and the rented roof cleaving our infant heads
and the chimney cleft, as if our roots were some pious lie
    or just bad grammar
and us happier than we've ever been
    that their hats fly about, boats sink,
that there's no more news
that the wind flips everything inside out and the war comes
and turns everything upside down.

Except for Marcela.
Because it smells rotten in Marcela's house today.
As if she was here and wasn't here,
but it's all the same to me if she dies.
Let the pitiless wind fly her over the factory roof.

Part III

SEVEN
POEMS
ABOUT
LIONS

I

I divide the world in two.
You don't need to be old to understand it:
on one side is my head, on the other
my dad chasing swordfish down the Irish coast
in the frozen waters where my grandfathers had lovers
and children they confused with the names on bottles.

My head is pure intelligence,
and my dad's a lion tamer.
My head fits inside the lion's mouth,
it's scary
growing up in the lion's mouth.
Every night
   we'd feed the lions.
I fall into bed exhausted
   Silvia,
all day feeding lions.
My dad roars and I'm frightened
   all day.
I work all day and am frightened of the lions,
   frightened ...

I fall into bed, with a leg missing,
but I think about the one that's left
   and the lions.
The law of the jungle is cruel. I work all day

and the Romans have such frightening whips ...

My dad went after the swordfish just so I could
    —it's scary—
feed the lions with my beautiful head.
I can never get to sleep without some
yawning lion waking me up.
Since my body is
so sweet
the lions prefer me,
they devour with their eyes and their teeth.
The Romans have such frightening whips ...

I think as I go along, hopping on one foot,
    —the one I've got left.
I'm happy because I'm smart.
    I go to bed
and quick as you like, I'm up: the lions are hungry.
I close my eyes
and let them tear at my last remaining leg.
The lions are fat
but they're still hungry.
    Hah! What a pansy!
Lions have the brains of a fly,
but me ... I'm clever.
The Romans have such frightening whips ...

I make do without my legs, this lion

just devoured my last one, hah!
What a pansy!
Brains of a fly,
who's going to make me work now,
sure I've no legs to go and feed
    the lions.

I fall into bed, exhausted from the waist up,
from the waist down, pure intelligence.

My dad's children are Rum,
    Beer and Swordfish ...
    Me
I'm my father's daughter,
the lion tamer.

I'd like to see those Imperial Leather faces.
    They never held me.
I placed all my intelligence down into the lion's belly
and he wasn't afraid.

In my left ear I wear an earring
a gift from a colourful lover.
One day my grandfather said to me: you'll wear this earring
    as long as Interpol are patrolling Irish waters,
you'll sail the high seas as long as your father's lips
    taste of contraband.

I divide the world in two.

From the waist up pure intelligence.
From the waist down I love lions.

I divide the world in two.
My dad's hands are claws
and he lives in a house with no oars.
For the rest of my days, I'll feast on stinking lion flesh.
I won't go hungry. My left ear tastes of swordfish.

II

My mother works in a canning factory.
One day my mother said to me:
Love is a can of sardines. Do you know
how they prep the sardines for the cans?
One day my mother said to me: *Love is a work of art
in a can.*
Daughter,
do you know where you come from?
You're from the cannery on a mussel farm.
From in the back. Behind the factory wall,
where the shells and fish crates stink.
An impossible stench, a hopeless blue.
That's where you're from.

Ah! I said, so I'm a daughter of the sea.

No.
You're a daughter of the day off.

Oh! I said,
I'm a daughter of the lunch break.

Yes, from in behind the wall, with all the dross.

III

The city kids were afraid of us.
They built astounding sand castles
    so they could win a silly little jigsaw from the Michelin Man,
spent hours blowing up balloons,
walked the pier, ate fish that tasted
    of diesel.
The shy kisses of the city kids
tasted of diesel, chocolate eclairs
and fear.

When my big cousin arrived on the scene
the city kids threw on their raincoats
    and ran for it,
hiding inside their enormous, high-walled castles.
Alone.

We had no time for jigsaws or castles:
we respected the sand.

IV

Just as I'm about to get up and go out
    Imperator!
They tell me to clear my plate.
Finish up your dinner. Eat every last bite.
    Imperator!
Suck the marrow from them bones. Tell me.
    What am I to do?
I'm just lovely as I am, I don't need fattening up
    Imperator! Imperator!
You can see all my faults from your throne
tell them no more, no more, tell them I'm stuffed,
    I'm just lovely as I am.
Anyway, those wild animals can only see in shades of grey
      and don't know their ten times tables;
it's all the same to them how I look.

V

Have faith, Silvia,
believe.

One day
the Redeemer will make landfall here on the coast
with his boat full of fish and contraband.

One day
when the stench of Christian flesh is all but gone
the fisher of men will arrive
with my dad up to his eyes in wickedness and pain.

He'll throw the nets and he'll rest.

My dad will drink wine with the skipper,
    hand to hand,
though he doesn't sleep.

VI

    There you are
In the distance, and me half blind waving at strangers,
beaming like a banner
    across a map.

Without you, the stands are nothing;
laurels, darling, I confuse.
Come on, tell me to write some of those lovely lyrics for the chorus
    while you pluck the lyre;
laurels, darling, I confuse.

I know I'm your favourite,
so desirable down here in the dirt.
You're wearing purple, a colour I detest, crowned
    just like the first time,
among all those bald heads, and being half blind
    I can't make them out.

Come on, tell me to write a sweet song
    to your obesity, your largesse,
to tap something out in petroglyphs.

VII

It's not good to be alone,
so much time with Christians
shackled at the waist to the prison bars
    yet alone,
my body, a republic
of blonde cave dwellers.

By morning they're like old luvvies
—Like me, the emperor cries at the script—
Who's going to revel in Christians with sleep in their eyes?
    It won't work, it simply won't work
they can't even be serious in the face of death.

In the face of death,
what a joke!
the lions are fed up waiting
for us to liven things up,
my body republic, still warm,
won't even wake up to face death.
What a joke!

Part IV

ISOLDE
INSISTED

I

Dear Captain Tan, the camera-shy kid I can't see from here
who'll take awful pictures on St Kilda
while my dad talks to the deckchair owners beneath
the sun from the North Pole
shining along the highest parallel
where you'll find no hospitals or vaccines against the cold
    but don't you ever get sick.
They'll dress the beaches in neutral adjectives
bilious yellow   my anaemic idea
while I amuse myself wondering if there's anything you need:
a rap on your knuckles, a split lip
and the conversation cut short so it appears intense,
the repeated guff of *I Love You – I Love You*
so don't wear your glasses when we're together
because if I touch them, it'll spoil the effect,
    something no one has ever done.
Is there no instruction manual for this?
Is there no instruction manual for all this?

II

We deserve everything except the decorative wicker planter,
the *must have* manuals or silver ashtrays
    the world decrees *a must*
though in St Kilda there's only ease for us
    and the penguins,
who won't try sell us Persian rugs
while I construct these memories
    and you appear.

But eat,
don't ever get sick.

III

Once we're together in limbo
all that'll be left for you to do
       is squint your little moley eyes
as if you can see absolutely nothing,
but the deckchairs
and me, who likes a good epic and would change it all
   for Virgil
but don't you ever get sick,
Dad says there are no hospitals on St Kilda,
no hospitals, no baptismal fonts
so if we die up there, the devil'll come straight for us,
take us all the way down to his place.

It's been ages since I tilted slates.
I don't need to bend down any more to gather the green moss
 from the little stone houses where Isolde lives.
I've forgotten her phone number.
Now my knees are white, both
with the smooth look of being treated by laser,
 a scar in the shape of a seven,
 a small, canoe-like operation,
 a red summation.

I hate you like a housecoat with me inside it,

poetic, pathetic, and you clinging to me like a housecoat.

I leave space between the lines,

it has to be done like this,

any other way and my dismay won't fit

as the bed creaks with me inside,

the heater blows up with me inside,

the landing light flicks on with me.

With surprising relief that at last I'm heading back to the hotel,
    Isolde says farewell.
Hands in my pockets, a little tipsy,
I could manage a few lines while they're not watching me;
    the best from a long night
would fill a poem of me being a little tipsy.

Isolde regrets not lifting even one napkin
    from that last bar.

Isolde has no regrets,
she drinks whiskey so it'll get dark sooner
    and they're nothing to me:
not cousins, nor parents, nor random ex-boyfriends,
what a terrible metaphor, Isolde laments.

Isolde says her goodbyes.
Hands in her pockets, surprised by the sound of it,
she takes a warm kiss either side of the comparison.

Being too slow, she withdraws:
Is there no instruction manual for all this?

After a day spent writing poems
I stand in the shower.
All I can feel on my navel
is the warm water flowing from the pipes.

Not the cold jets from Loeffler's friends.

Baleas e Baleas

Whales and Whales

Luisa Castro

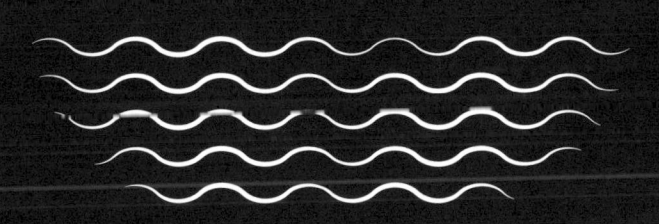

DERRADEIRA VIAXE EN BICICLETA DE NEVERMORE

76   'Todo me dá voltas'

77   'Traballo todo o día'

78   Máis que nos anzois

79   Máis que nas poteras

80   Máis que no armador

81   'Anque se rían dos versos que che escribo'

82   'Pero nunca máis'

83   'Non hai descanso'

84   Pasaxes

OS VENTRES
DAS BALEAS

- 88 'Pasiva coma os coellos da ducha fría'
- 89 'Desenlace votivo'
- 90 'Os nenos do grupo son salvaxes coma min'
- 91 'Observo como se desesperan con pequenas barcas e candís'
- 92 'Corro polos soños sen saia'
- 93 'Creo na electricidade'
- 94 'A area é estreita e o meu león preferido cóntame mentiras'
- 95 'Ós tolos métenos a todos en duchas frías'
- 96 'As monxas mándanme ler as escrituras'
- 97 'Son medio neno'
- 98 'Se fago trasnadas'
- 99 'Nunca estiven nos comedores das internas, mamá'
- 100 'María Elena Val Veiga'
- 101 'Ás veces xuro e bótanme fóra'
- 102 'Os ligures, os tartesios, os homes con cámara fotográfica'

SETE POEMAS SOBRE LEÓNS

106 I. 'Divido o mundo por dous'

110 II. 'Miña nai traballa nunha fábrica de conservas'

111 III. 'Os rapaces que vivían na cidade tíñannos medo'

112 IV. 'Ó mesmo tempo que decido saír'

113 V. 'Crente Silvia'

114 VI. 'Véxote'

115 VII. 'Non é bo estar soa'

PREGUNTOU INSISTENTEMENTE ISOLDA

118   I. 'O meu capitán tan, o neno fotofóbico que non leo de lonxe'

119   II. 'Merecémolo todo menos esta decoración de macetas de vimbio'

120   III. 'Cando esteamos xuntos no limbo dos nenos sen bautizar'

121   'Hai tempo que non levanto lousas'

122   'Ódiote como as batas de casa comigo dentro'

123   'Con amor inusitado de que por fin me vou para o hotel'

124   'Despois dunha tarde escribindo poemas'

*Para Ánxela, Fran e Xita,
trinta anos despois.*

Parte I

DERRADEIRA VIAXE EN BICICLETA DE NEVERMORE

Todo me dá voltas.
Irlanda está lonxe coma ti, equidistantes
do meu corazón que non vos ama.

Na neveira do barco entre xulianas, esquecido
no pau macho
o meu corazón cóntase entre os animais máis lentos do bosque.

Ten un número
e é todo tan difícil
coma nos vestidos das mulleres de Belfast.
Botón por botón
fanme aínda máis desgraciado
e non debo rachalos coma se isto fose a miña paixón
e aquilo o cerebelo.

De lonxe
nin Irlanda nin ti:
o meu estómago non vos ama. Amence con sisgas
e iso é todo.

É rápido pero covarde.

Traballo todo o día.
Estou borracho.
Na ponte o armador quéreme ben
polo fígado espallado entre os mil cincocentos
cabalos
que alimenta,
polos riles pneumáticos con forma de cabestrante,
polos ollos de lobo de mar que o ven todo gris
coma feras romanas.

O armador quéreme ben
anque beba e pense nas túas bragas.

MÁIS QUE NOS ANZOIS

Máis aínda que no meu dedo gordo
cun anzol
en vez de robalizas.

Máis aínda que no anzol que teño no corazón
en vez de robalizas.

Máis aínda que na cabeza de robaliza que teño
en vez de anzois,
máis, máis que nos aneis que che fago
con anzois de robalizas.

MÁIS QUE NAS POTERAS

Máis que os calamares da color do coñac que non coñeces,
máis que no coñac que boto na potera
para que suban os calamares,
máis que na potera que me botas, que me agarda polas noites,
cando bebo.

MÁIS QUE NO ARMADOR

Máis que no armador con cara de satisfeito,
vítima
dos teus antollos.

Anque se rían dos versos que che escribo
e que deixo agochados entre as mantas do catre
pedaleo
e Vegadeo é de lonxe unha caixa de mistos,
levo alas nas rodas,
vou en llanta,
recoñezo a paisaxe e teño alma porque fago amizades
cunha recua de cans de varios pobos e diversa índole

    Ládranme porque te amo,
    tíranseme ós zapatos coma fanecas salvaxes.

Pero nunca máis
esquezo no barco a muda e o reloxo.
Sei como se rin
o contramestre,
o patrón de pesca,
o armador desde o peirao coa súa muller que ule a Ponds
véndome pedalear no kilómetro cero,
sei como lle dan para atrás ó espiñazo
mentres eu penso en lamber o teu insoportable carmín
comprado en Quica
e conto as árbores por non cansarme.

Non hai descanso,
que non haxa descanso,
que tódalas merluzas se xunten para afogarme,
que tódolos marraxos me tendan a súa trampa,
que me apresen as meigas, que me lee no palangre,
que os peixes sapo me coman os dedos, que me atravese
o espada,
que tódolos golpes de mar veñan por min
ou me anego só
coa botella e os teus ollos de enfadada.

PASAXES

Fonterrabía
Baiona
Burdeos
Donosti
Guetaria
Zumaia
Orio
Ondarroa
Lekeitio
San Xoán de Luz
Irlanda

Parte II

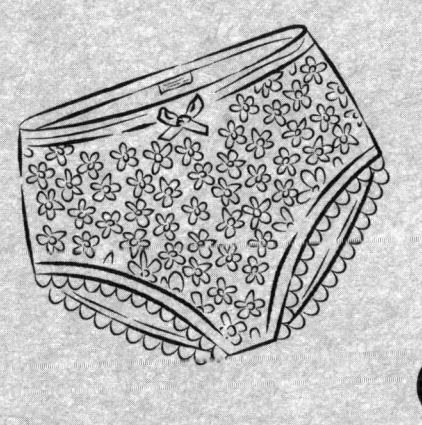

OS
VENTRES
DAS BALEAS

～

Pasiva coma os coellos da ducha fría
parezo un pito,
demostro ser amable.

Se me dan de comer
adormezo
instantaneamente,
se non me dan de comer, berro.

Teño na mesiña a Genoveva de Brabante,
sempre lles perdo os vestidos,
fúrolles os pezóns e bótolles vaselina.
Mamá non se preocupa de deitarme á miña hora
nin desta desorde de bonecas sen pernas.
Chora para que me diga se lles doe,
non quero que me aperte, quero oíla dicir outra vez
son de plástico, amor,
son de plástico.

Desenlace votivo
e os debuxos que fago para desherdarte,
como filla de Barrabás, ceo meu, detéstote,
como filla de Barrabás que corre sen bragas polos soños
ti non sabes
os números que fago para desherdarte.

Barrabás,
ata aquí chegamos
para que nada se rompa nin o meu labio inferior
que se fai presa dos nervios
xesticulo como se nada ocorrese
pero temo que o meu país non se lembre dos xílgaros mortos
que enterraba
en latas de sardiñas
detrás do transformador que tiña unha caveira na porta
e que tocaba sen prevención.

Nin o uniforme cheo de supergén
nin o carpinteiro tolo que me regalaba virutas
nin meus pais chamándome a berros filla de Barrabás
mentres enterraba paxaros mortos
en caixas de conserva.

Os nenos do grupo son salvaxes coma min.
Tragamos os cristais e son o xefe indio.
A tribo obedéceme
porque teño a lingua chea de cristais
e como terra.

Tocamos a caveira dos postes sen prevención,
amámonos polas tardes na cova do golpe
preto da estación onde a xente agarda con froita para enfermos,
fuximos á praia e non imos ó colexio,
os nosos pais búscannos ata o anoitecer,
estamos afogados entre os brazos dos polbos,
as nosas cabezas despeitéanse contra as rochas.

Observo como se desesperan con pequenas barcas e candís
buceándome.
Observo como choran, como se desfán a laios
e se enfrían na noite
buceándome.

Os lobos de mar vémolo todo
e non nos toca a tormenta
desde aquí, desde a casa
merendando paxaros mortos en latas de sardiña.

Cando me atopan non contesto,
trabo no labio inferior,
non deixo que mamá me aperte.

Corro polos soños sen saia.
O pavillón está cheo de deportistas
que adoro.
Son a máis pequena
e penso
que deixei algo na casa,
que me falta algo.

Creo na electricidade,
aínda estou apoiada, ríndome,
ó poste da luz
co meu dedo índice
sinalando a caveira.

A area é estreita e o meu león preferido cóntame mentiras
coma meu avó
e os ventres desas baleas que dicía que tiñan
continentes arrestados,
cachalotes malvados en castelos con cadeas.

Nunca máis darei creto a meu avó
roubando peixe espada nas costas irlandesas,
nunca máis escoitarei as súas mentiras.
Podo estar segura:
no ventre das baleas só resido eu
con moitas cicatrices nos xeonllos
de caer na cuberta cando amarran os barcos.

Ós tolos métenos a todos en duchas frías
e berran porque lles doe.

A presión imposible,
duchas intermitentes,
estalactitas no lombo para que berren porque lles doe.

Nunca estiven debaixo das cataratas do Niágara,
mamá,
nunca me meteron nunha pota os africanos, mamá,
para comerme,
nunca estiven debaixo dun home, mamá,
non sei o que é cear bromuro nos seminarios.

～

As monxas mándanme ler as escrituras
porque son buena e teño cara de buena, loiriña, así,
e teño cara de vocación
e son a primeira
en resolver os problemas de Rubio.

Ás veces xuro, pero iso é porque non teño pais, mamá.

Pero son buena
e canto no coro flores a María,
vou ás novenas de maio co uniforme cheo de barro
de xogar cos pícaros a feitos e verdades
pero as monxas pensan que é porque son medio neno
e xogo ó fútbol.

~

Son medio neno;
ás veces xuro pero iso é porque non teño pais.

Mamá,
que se sente debaixo dun home?
Que se sente lendo a santo Tomé debaixo da ducha fría?

Na fila
son a primeira en chegar ós Pirineos
coa vara coa que castigan as monxas
a María Elena Val Veiga Para Servir a Dios y a Usted
e pon os dedos así,
péganlle nas puntas dos dedos coa vara de limitar a península
e ó nordeste os Pirineos que la separan de Francia.
E a min non,
a min non me pegan, mamá, porque son a primeira en aprender
onde queda Cataluña chis-pum-fuego, porque son
a primeira
en demostrar o cociente
aínda que xure;
a min, mamá, se fago trasnadas
métenme man no cuarto do botiquín e non me pegan,
métenme man e que non ande en moto cos pícaros
que son uns xíbaros e só queren
baixarme as bragas.

~

Se fago trasnadas
féchanme no quarto do botiquín por pouquiño tempo
porque son buena e non son coma Lidia Couto
que se ri das monxas e lles mete medo.
Eu non son coma Mosquera
que lles rouba os cartos da caixa do bar
a seus pais
e os gasta en chopetadas no recreo.
Mamá,
xúrocho,
eu non son coma Carme que nos ensina as tetas
ás de sexto no váter,
pero eu véxollas, tenas grandes coma Mrs. Harrison,
a vella do libro de inglés.

E fuma.
Mamá, imos en pandilla por aí pero non fumo.
Imos ó cine os domingos pero non me sento cos pícaros,
espiamos ás máis grandes.

Mamá,
ti non sabes o que pasa no ultima fila do cine
coas máis grandes.
Lidia ás veces tamén pero fago que non miro.

Mamá, ti non sabes o que pasa cando quedo soa con Carme
a varrer a clase.

~

Nunca estiven nos comedores das internas, mamá.
Ás internas danlles bromura á cea
pero despois, pola noite, déitanse xuntas de tres.
Mamá, ti non sabes o que pasa coas internas
cando quedan soas.

Que se sente cando estás debaixo dun home, mamá?

As internas son todas máis grandes ca min.
Non me meto con elas porque son máis grandes
pero ás veces pelexámonos
e chámolles tortilleiras.
Elas chaman a Lidia Couto e féchanme coas vasoiras.

Mamá, ti non sabes o que pasa cando quedo soa
cos mangos das vasoiras.
Despois berro ata que me abren
e saio vermella
pero eu nunca as acuso, mamá,
son a primeira na carreira de saltos.

∼

María Elena Val Veiga
ten as unllas todas mouras de vara de limitar a península.
Péganlle porque é boba, porque Elena Val
vive nunha casa que fixo seu pai
coa uralita que rouba nas obras pola noite
e non paga a colexio.

Mamá,
a min non me pegan porque pago o trinta.
Eu son pobre, mamá,
pero pago o colexio e sei demostrar o cociente.

Se puidese
mataría a Gemma dun perdigonazo,
di que na casa limpamos o cu con papel de Elefante,
pero chego á casa e limpo o cu con papel de Elefante,
escribo poemas en papel de Elefante.
Mataría a Gemma si non fose
porque son buena
e teño vocación
e son a primeira en demostrar o cociente.

Mamá, que se sente debaixo do meu pai, os sábados?

Ás veces xuro e bótanme fóra.
En terceiro pasei todo o ano nos corredores
vendo voar a Adela,
en quinto enfermei e lía vidas de santos
e púxenme gorda
pero nunca me comeron os leóns nos circos.

Só lle teño medo ós corredores
e a quedar soa coa monxa no cuarto do botiquín.

Nunca estiven debaixo das duchas frías, mamá,
nunca me violaron os herexes como a Genoveva de Brabante,
non sei o que é o bromuro que lles dan ós nenos
nos campamentos,
nunca estiven debaixo dun home.

A Rosa Castro

Coñezo o fondo, di. Coñézoo pola miña longa raíz mestra.

—Sylvia Plath

Os ligures, os tartesios, os homes con cámara fotográfica
no peito estampado,
os coxos portadores de libros prestados,
a raza escandinava
inalterables coma as calamidades da gripe, inevitables
como se agora mesmo lles digo que se vaian todos
e que só fique unha lata co meu nome escrito con ladrillo
e un debuxo da pucharquiña que deixo
se fago pis,
se fago pis por todos eles
e que só fiquen os recortes de unllas desde mil novecentos setenta,
os chicles do chan desde mil novecentos setenta,
a razón do que no fondo de tódalas cousas se agocha un vermiño
    repugnante
como debaixo das lousas que levou o temporal de mil novecentos
    setenta
co noso teito alugado fendendo testas infantís,
coa cheminea fendida como se a raíz fose unha mentira piadosa
ou mala ortografía
e nós correndo máis contentas ca nunca
de que lles voen os sombreiros, de que se afundan barcos,
de que non haxa noticias
e o vento o volva todo do revés e veña unha guerra
e todo do revés.

Menos por Marcela,
porque hoxe cheira raro na casa de Marcela
como se estivese e non estivese,
pero a min non me importa que morra,
que a leve o vento sen piedade polo teito da fábrica.

Parte III

SETE
POEMAS
SOBRE
LEÓNS

I

Divido o mundo por dous.
Non fai falta ser antiga para comprendelo:
dun lado está a miña cabeza,
do outro está meu pai pescando peixe espada
nas costas irlandesas, nas xeadas augas onde meus avós
tiñan novísimas amantes
e fillos confundidos con nomes de botella.

A miña cabeza é pura intelixencia,
o traballo de meu pai é domesticador.
A miña cabeza cabe na boca do león,
   é sinistro
que eu me criase na boca do león. Tódalas noites
iamos botarlles comida ós leóns.
Déitome cansada,
Silvia,
todo o día
dándolles comida ós leóns.
Meu pai berra por min e teño medo
todo o día.
Traballo todo o día,
téñolles un medo ós leóns, un medo ...

Déitome cunha perna de menos
pero penso na outra e nos leóns.
A lei da selva é dura. Traballo todo o día

e os romanos teñen uns látegos que dan un medo ...

Meu pai pescaba peixe espada para que eu puidese
   —é sinistro—
alimentar ó león coa miña cabeza fermosísima.
Nunca podo durmir sen que o bocexo dun león
me interrompa o descanso. Como teño un corpo
lindo
os leóns prefírenme a min,
comen cos ollos e cos dentes.
Os romanos teñen uns látegos que dan un medo ...

Eu penso de camiño, a saltiños sobre unha soa perna,
na perna que me queda.
Vou feliz porque son intelixente.
Déitome
e axiña me ergo: teñen fame os leóns.
Pecho os ollos
e deixo que me arrinquen a última perna.
Os leóns engordan pero logo teñen fame.
Ah! maricón,
os león teñen un cerebro de mosquito
e eu son intelixente.
   Os romanos teñen uns látegos que dan un medo ...

Sobrevivo sen as pernas, este león
devórame a última, Ah! maricón, que cerebro
de mosquito,

quen me vai obrigar a traballar de agora
en diante
   que non teño pernas para botarlles comida
ós leóns.

Déitome cansada de cintura para enriba,
de cintura para abaixo son pura intelixencia.

Os fillos de meu pai
chamábanse ron, caña, peixe espada ...
eu
son filla de meu pai,
o domesticador.

Quero ver esas caras de xabón imperial.
   Nunca me acariciaron.
Eu metíalle a miña intelixencia ó león ata o estómago
e non tiña medo.

Na orella esquerda levo o pendente
dunha amante fermosísima.
Un día
meu avó díxome: levarás este pendente mentres a interpol
permaneza en augas irlandesas,
viaxarás as mareas mentres os beizos de teu pai
cheiren a contrabando.

Divido o mundo por dous.

De cintura para enriba son pura intelixencia.
De cintura para abaixo gústanme os leóns.

Divido o mundo por dous.
Meu pai ten as mans rematadas en punta
e vive nunha casa sen remos.
Eu comerei toda a miña vida apestosa carne de león.
Non pasarei fame. A miña orella esquerda sabe a peixe espada.

II

Miña nai traballa nunha fábrica de conservas.
Un día miña nai díxome:
o amor é unha sardiña en lata. Ti sabes
como se preparan as conservas
en lata?
Un día miña nai díxome: o amor é unha obra de arte
en lata.
Filla,
sabes do onde vés? Vés
dun viveiro de mexillóns
en lata. Detrás. Detrás da fábrica, onde podrecen
as cunchas
e as caixas de peixe. Un fedor imposible, un azul
que non vale. De alí vés.

Ah! dixen eu, entón son a filla do mar.

Non.
Es a filla dun día do descanso.

Ah! dixen eu,
son a filla da hora do bocadillo.

Si, detrás, entre as cousas que non valen.

III

Os rapaces que vivían na cidade tíñannos medo.
Facían fermosos castelos na praia
por un minúsculo puzzle de Michelín,
inchaban globos durante horas,
paseaban o espigón, comían peixiños con sabor
a gasoil.
Os beixos temerosos dos rapaces da cidade
sabían a gasoil, napolitanas
e medo.

Cando meu primo ameazaba coa súa presenza
os rapaces da cidade poñían os chubasqueiros
e corrían a refuxiarse
en castelos outísimos de virtuosa construción.
Solitarios.

Nós non tiñamos tempo para puzzles nin castelos:
respectabamos a area.

IV

Ó mesmo tempo que decido saír, Imperator,
danme o recado de que deixo alfinetes.
Hai que comer. Hai que comelo todo.
Imperator,
chúpalle os ósos, dinme. Dime
que fago.
Eu son fermosa así, así estou ben,
Imperator, Imperator,
o teu trono coñece as miñas fallas,
dilles que non quero máis, que teño abondo,
que son fermosa así,
que as feras non saben a táboa e que o ven todo gris,
que lles vallo así mesmo.

V

Crente Silvia,
ten fe.

Algún día
chegará o redentor a esta costa
coa súa barca chea de pescada e contrabando.

Algún día
cando este cheiro a carne de cristián se disipe,
chegará o pescador de homes
con meu pai ata o pescozo de vicio e de doenzas.

Botará as redes e descansará.

Meu pai beberá viño man a man co armador,
pero non dorme.

VI

Véxote
moi lonxe, desde a miña miopía que saúda descoñecidos
alegro como as pancartas,
cartograficamente.

Os graderíos non son nada sen ti,
loureiros, vida miña, que confundo.

Anda, dime que faga letras para os coristas,
tu pulsas a lira,
loureiros
desde lonxe que confundo.

Sei que entre todos prefíresme,
entre a area son un gran desaxable.
Ti estás púrpura, esa color que odio, coroado
como a primeira vez
entre calvos que a miña miopía descoñece.

Anda, dime que faga letras líricas para a túa obesidade,
que escriba petróglifos.

VII

Non é bo estar soa,
tanto tempo entre cristiáns e soa,
as súas cinturas amarradas ó cárcere,
a miña carne república
   de loiros
   cavernícolas.

"Polas mañás todos teñen cara de actriz vella"
—O emperador chora coma min diante de califigrafía—
"Quen vai gozar con estes cristiáns con lagañas?
Non hai forma, non hai forma
nin de que se poñan serios diante da morte."

Diante de morte,
que risa,
os leóns aborrecidos agardando o momento
de que a preguiza nos deixe,
a miña carne república aínda quente
non esperta nin diante da morte, que risa.

Parte IV

PREGUNTOU INSISTENTEMENTE ISOLDA

I

O meu capitán tan, o neno fotofóbico que non leo de lonxe
hame guindar cadros feos nas Illas Kilda
cando fale meu pai cos donos das hamacas
ó sol do Polo Norte no paralelo máis alto
que non ten hospitais nin vacinas contra o frío
pero non te poñas enfermo nunca.
Decorarannos as praias con adxectivos sen xénero
de color amarelo bile miña incolora idea
mentres me entreteño en saber se che falta algo,
un nó no dedo, unha cella partida
e o discurso cortado para que pareza máis intenso,
o discurso repetido de ámote-ámote
pero non uses as gafas cando esteamos xuntos
porque non debo tocalas ou isto perde efecto, algo
que ninguén demostrou.
Non hai fórmula para isto?
Non hai fórmula para todo isto?

II

Merecémolo todo menos esta decoración de macetas de vimbio,
menos esta colección de manuais indispensables
e os cinceiros de prata porque o mundo o decreta
pero en Saint Kilda só existe o confort para nós
e mais os pingüíns,
eles non nos han vender alfombras persas mentres
fago memoria
e apareces.
Pero come,
non te poñas enfermo nunca.

III

Cando esteamos xuntos no limbo dos nenos sen bautizar
o futuro é que ti engurres os olliños de toupa
como se non mirases absolutamente nada, nada máis
que as hamacas
e a min que me gusta a épica e o cambiaría todo
por Virxilio
pero non te poñas enfermo nunca,
meu pai di que nas illas Kilda non hai asistencia médica
nin pías,
se morremos alí levaranos o demo ó seu sitio,
levaranos o demo íntegros para o seu sitio.

Hai tempo que non levanto lousas.
Non cómpre que me baixe para apañar o musgo verde
das casiñas naturais onde vive Isolda.
Esquecín o seu número de teléfono.
Agora teño os xeonllos brancos, uniformes,
con certa aparencia de calvos tratados con láser,
algunha pegada en forma de sete,
a pequena operación a xeito de piragua,
unha suma vermella.

Ódiote como as batas de casa comigo dentro,

ti poético, patético, pegado a min como as batas de casa.

Deixo espazo entre liñas,

cómpre facelo así,

de outra maneira non cabe o meu desgusto

mentres renxe a cama comigo dentro,

estoura o quentador comigo dentro,

acéndese a luz da escaleira comigo.

Con amor inusitado de que por fin me vou para o hotel,
Isolda despídese.
Coas mans nos petos, algo borracha, podería
apuntar unhas poucas metáforas mentres non me ven,
as mellores frases da noite tan dura
caberían nun poema que falase de min algo borracha.
Isolda lamenta non levar encima nin unha servilleta
do último bar.
Isolda non lamenta,
bebe whisky para que anoiteza antes
e non me son nada,
nin primos, nin padres, nin ex noivos atopados,
que pena de metáfora, Isolda lamenta.

Isolda despídese.
Coas mans nos petos, sorprendida na frase,
recibe un bico moi humano a cada lado da comparación.

Pola lentitude de reflexos retrotráese:
non hai fórmula para todo isto?

Despois dunha tarde escribindo poemas
métome na ducha
e só sinto
estancarse no embigo a auga morna que vén
da tubería.

Nin sequera o chorro frío dos amigos de Loeffler.

Acknowledgements

The author and translator wish to thank the editors of the following journals where versions of some of these translations appeared: *Plume Poetry, Poetry Ireland Review, Trinity Journal of Literary Translation.*

The author and translator wish to thank Cork City Library Poetry in the Park, where 'My Mother Works in a Canning Factory' appeared in April 2023.

~

Keith Payne wishes to thank the following for their generosity and insight into advancing the translation of these poems: Xosé Iglesias, Angie Long, Su Garrido Pombo, Ismael Ramos, Lorna Shaughnessy, Martín Veiga. And of course, the poet Luisa Castro, without whom there would be no *Whales*.

A special thanks goes to Fionnuala, Gráinne, Nidhi and all the family at Skein Press, a press I've been buoyed to read and champion since their first publication, and now it gives me such a lift to follow the Skein line and bring the *Baleas* home.

About the translator

Keith Payne is the author and translator of nine collections of poetry in translation and original poetry, most recently *Building the Boat* (Badly Made Books, 2023), which was featured on BBC Radio 3's *The Essay*. He was John Broderick Writer in Residence 2021–22, Cork City Eco Poet in Residence 2023, and was awarded an Artist in the Community Scheme from Create in 2022 and an Arts Council Literature Bursary Award in the same year. Awarded an Irish Professor of Poetry Bursary Award in 2016, Keith curates the Aodh Ruadh Ó Domhnaill Poetry Exchange Ireland/Galicia.

About the author

Luisa Castro is the author of nine collections of poetry and six novels. She has been awarded the King Juan Carlos Prize, the Hiperión Prize and the Herralde Prize, among others. She was director of the Cervantes Institute in Naples, Bordeaux, and has been director of the Cervantes Institute in Dublin since 2022. She is a regular contributor to the Spanish newspaper *El País* and is celebrated as one of the most important voices in contemporary Galician poetry.